isso também é a realidade

patricia widmer

isso também
é a realidade

patricia widmer

1ª edição
São Paulo, primavera de 2022

jandaíra

isso era antes

No princípio era o fio
e parecia correr
escapar entre os dedos
emaranhar, confundir
Depois, seguir
labirintos, buscar
a pergunta conduz
ao início e,
novamente, partir,
mergulhar abismos
repartir meadas
recomeçar
que a vida é tecido.

Bocejo três vezes
alongo o pescoço, abro
um pequeno vão
na persiana para
acostumar os olhos
à luz
a cabeça lateja
levemente, antecipo
o primeiro gole
de café e o corpo,
doído, denuncia a
noite mal dormida
Parada em frente
a pia cheia de
louça suja da
noite anterior, embrulho
o estômago com
o jornal da manhã.

A palavra dá
um triplo mortal
Mergulha dentro
escafandrista
Revolve vísceras
visita abismos
sonda profundezas
assiste sonhos
à revelia e volta
à tona buscando
ar, carrega
no rastro
segredos
submersos

Florbela

Não era caule nem flor
prova viva
de amor e dor
nascidos da mesma raiz

quem dera pudesse
explicar-lhe a vida
não seria submetida
ao destino que encontrou

mas

também eu, nada sei
sobre os saltos da alma
que se atira a precipícios
quando deseja voar.

Balada para Victor Heringer
(ou por que também amamos o que não conhecemos)

Cai o poeta numa esquina
qualquer de Copacabana
Talvez tenha só tropeçado
num saco brilhante de
lixo do Leblon
diz o poeta
Seu corpo inerte atrapalha
os passantes
mo men ta nea men te
Logo passam por cima
do corpo do poeta
Estirado na calçada
em meio-fio, nem sente
que é notícia para
não mais que 24 horas
Exercício de vida ou
desejo de morte?
Especulam as redes sociais
sobre o corpo do poeta
caído, tal qual um Cobain
que atira contra a
própria cabeça.
Seus olhos verdes abertos
para o além do mundo e
um corpo frio cuja pele

não é mais que *uma roupa*
sem saída para o esqueleto,
diz a jovem poeta.
Quem era? O que comia?
Por onde andava o poeta?
Sua queda o apresenta
ao mundo despido
tal como era e
o conhecemos sem o tê-lo visto.
Depois da queda, o coice
disse o poeta
Seu corpo agora
só pode ser alcançado
em outros corpos
que o tocaram
Será preciso realizar
a autópsia
um procedimento cirúrgico
post mortem
requerido nesses casos
para afastar toda e
qualquer especulação possível
sobre o que se chama
causa-mortis
em livre tradução
o que causou a morte
do poeta

O laudo concluirá
o que há muito se sabe:
aqui jazz o poeta

(foi encontrado um testamento elegendo
o foro da comarca do Rio de Janeiro para
dirimir toda e qualquer questão surgi-
da referente à sua interpretação e/ou
execução cujo autor desejaria desta feita
esclarecer: – não era um poeta)

E.T.: Onde tomba o poeta, nascem amen-
doeiras.

Saudades

Quando amanhece domingo
De silêncio e sol ausentes
Acordo naquele tempo
Em que estávamos todos vivos
Então é possível outra vez
Visitar a casa da avó.

Paciência

Arrancar a etiqueta colada
no corpo da caneta nova
exige algo que não tenho
Esperar que você entre
pela fresta da porta
e diga que me ama
exige algo que não tenho
Não tenho o necessário
para atravessar outro inverno
à espera das possibilidades
de uma primavera
Tampouco o que
se exige nas salas de espera
dos consultórios lotados
Incapaz de esperar
a chegada do ônibus
me atiro de cabeça
no abismo em trânsito.

Juventude, sua linda
Para onde você vai?
Correndo pra trás,
apressada
com seu vestido leve
e florido
cabelos soltos
ao vento
de tão etérea
parece flutua
Olho para trás
Já não está lá
Diminua um pouco
o passo e
te prometo, faço
teu prato preferido
Fica um pouco
aqui comigo
que no passo em
que vais
te digo
não te posso alcançar.

Vejo

vejo meu corpo
no espelho
sob a luz branca
do provador

meus olhos
inchados
caídos do choro
da noite
anterior

corpo de
excessos e
um rosto
que mal
reconheço

e com o qual
diariamente
me tenho de
há-ver.

Fecho os olhos para tudo
que não me comove
mas vejo uma flor
e o mundo sentado
na calçada, o dia inteiro
de sapatos na mão
esperando papai noel
sabendo que não vem
Ainda nem é verão
e os brotos que plantamos
começaram a morrer
Se eu ouvisse você
dizer meu nome só
dessa vez, então
dormiria sozinha no
apartamento com as
janelas abertas e
sem medo de ser
pega de surpresa
por insetos ou
pelo amanhecer.

Tiraram tua liberdade
tuas raízes
tua etnia
Rasgaram tuas vestes
tua história
tuas memórias
Penetraram teu corpo
teus orifícios
tuas certezas
Profanaram teus deuses
tua cultura
teu espírito
Apagaram teu registro
teus documentos
tuas cicatrizes
Cuspiram em tua lápide
teu nome de negra
tua cara de espanto
Te deram em troca
um nome de santa.

11h30

5 minutos
300 segundos
600 batidas (aceleradas)
do meu coração
450 passos
7 degraus
10 andares
1 porta
2 giros de chave
na fechadura
1 suspiro (apertado)
na garganta
2 ciclos de respiração
Completos, inspira
expira, inspira
expira
1 giro na maçaneta
Entre eu e você
toda a distância do mundo.

Criança ainda
me veio a chama
Às vezes,
Ardi.

Ficção de mim mesma
poema cujo enredo
jamais será épico
Aventura humana
banal, naturalmente
cotidiana
feijão com arroz
do dia a dia
pássaro pousado
na janela alheia
ao chamado do vento
Sucessão natural
do dia pela noite
do pai pelo filho
do verão pela primavera
Escuto meu nome ser
Chamado enquanto aguardo
na fila de espera
Por ele atende outra
que me lança
na ordem do comum
sigo relutante
sem ser chamada
Ao lugar do extraordinário.

Como
não fosse frágil
lançou mão de
linha e agulha
Palavras costuradas
letra-a-letra
um mesmo fio
como contas
de um colar
Algum dia voltaria
Ulisses
Quão longe estamos
de Ítaca
Pensou
toda espera é um alcance
um fio lançado
em direção ao mar

Nunca houve entre nós
correspondência
mas enderecei a ti
todos os poemas
de amor e remeti
a mim mesma
Chegaram sem engano
ao destinatário
Não creio que sabias
que tua casa sou eu.

Saio daqui para longas ausências
entre o desejo e o real
sempre uma despedida
sempre a esperança da volta
Espalho pequenas pistas
de existência pela casa
alguma louça secando no armário
o travesseiro sobre a cama
a toalha cor-de-rosa
na porta do banheiro
o último livro lido
aberto no assento do sofá
Indícios de que a casa
existe e aguarda o meu retorno
A casa, esse lugar
para onde, aos poucos,
vou me mudando
A casa que mora em mim

São Paulo é estranhamento
ladeira, avidez
é casa velha, prédio novo
é feira na rua de baixo
é café na esquina
Eu e você tão próximos
Nós dois, tão distantes.

A memória
                        para meu pai

Sento-me à beira do caminho
tua camisa sobre meu colo
desmancho fio a fio
a memória do que fomos

Primeiro vão-se os botões
e depois
para que servem as casas
às quais não se vai voltar

Desfaço o bolso
que guardava o lenço
e o pente
para teus poucos cabelos

Separam-se punhos,
mangas, colarinho
desmontado o mito
vai se perdendo
a estatura do homem

Mas ainda resta
muito de ti
nesses fios de tecido
desfeito que
insistem a tua presença

e quase me perco
no emaranhado de
nenhum horizonte
possível

Sou a um só tempo
Cloto, Láquesis e Átropos
decidindo o destino
que terás em mim

Os fios que restaram
da tua matéria
farão novas costuras
tecerão outras tramas

E eu
lançarei mais longe
a minha rede
em busca de peixes possíveis.

O vento da mudança
soprou leve como a brisa
por entre as folhas das árvores
Eu sou esse tronco
de raízes submersas
que entrelaçam as árvores
uma à outra
por debaixo da terra
me estendo subterrânea
até alcançar toda a cidade

Será preciso que
venha um tornado
Será preciso que
nunca mais chova
Será preciso sacrificar
cinquenta virgens
Será preciso criar
mil... não,
mais de mil subterfúgios
para impedir
que o inevitável
aconteça.

isso mudou tudo

A uma hora dessas
no mundo que ficou pra trás
eu estaria de partida
rumo à beira do penhasco
ou ao aeroporto

A essa hora
em outro mundo
estaria repassando
tudo o que esqueci
de colocar na mala

Restaria
administrar as horas
entre o abraço e
o embarque

Naquele mundo que
não existe mais
me esperava um cardápio
de cama e mesa e

a essa hora,
naquele mundo de antes
eu teria menos de
setenta e duas horas
para organizar
documentos e sentidos
e cada hora passada
seria uma hora mais perto
de nós.

Oração

pai nosso
que estais no céu
dai-nos o pão
de cada dia
cada dia passado
que seja
um dia a menos
para esquecer
as crianças famintas na Síria
a menina de braços levantados
diante da câmera fotográfica
em sinal de rendição
o corpo do menino morto
devolvido pelo mar
nas areias da praia turca
o menino sentado na
cadeira do hospital
coberto de cinzas
com seu olhar que viu tudo
perdido no nada
que nunca mais lhes falte
o pão de cada dia
que por mais que eu tente
nunca consiga de fato
esquecer das crianças da guerra
e livrai àqueles que for possível
de todo o mal
ao menos na hora da morte
Amém.

Segredos e mistérios
em cima da estante
longe, longe
do alcance das
pequenas mãos.
Descansa no alto
da estante marrom
a bombonière de vidro
Laranja, opaca
oculta seu conteúdo
de açúcar e travessura
sempre, sempre
cheia daquilo que
Não se sabe que deseja
Então, menina
Pega o banquinho
Se equilibra
nas pontas dos pés
até ficar bem crescida
e ter o desejo
ao alcance das mãos.

Efêmera
Predadora
Carnívora
Resiste em voo
Sem precisar de impulso

Existe em mim
Há 300 milhões de anos
E antes mesmo dos dinossauros
Já te sabias aqui

Por antiguidade te invoco
E imploro que me transformes
Aqui, onde o tempo não passa,
Tudo é desejo e escravidão

Criatura do vento
Conjuro tuas asas
Para aprender a ser livre,
Livro

Ser em transformação
Depois de incubada,
Recolhida,
Devir mulher-
-anisóptera.

Abrupto
laço interrompido
anseio de comunicar
suspensão da pena
caneta sem tinta
queria ver de longe
ousou desejar de perto
o coração aos pulos
um par de olhos azuis
atropelamento no corredor
vergonha da palavra
orgulho da caligrafia
e antes de arder o tapa
negou tudo, três vezes
A rejeição é uma carta
de amor nas mãos
da pessoa errada.

Pupa
explode em
tua boca
pulsa
entre as
minhas pernas
meta-
-morfoseia a
língua
em labaredas
queima
sob pele
em chamas
Dionísio, dança.

Meus pés perguntam
porque não fomos
quando a intensidade
do desejo tingiu o
céu azul da espera
Frente ao precipício
o corpo oscilou
pra frente e pra trás
quase perdi o equilíbrio
pra frente e pra trás
A vida inteira parada
no alto do edifício
com os braços abertos
e os dedos dos pés
agarrados ao parapeito.

Cascavel

Ssse te assusta
a intensssidade
sssibilante
do poema
Sssolta
Sssolta
Sssolta

O tanto de anéis
que trago no rabo
te avisam
Renasci de mim mesma
dezenas de vezes

Meu sexo se esconde
Sob minha pela
Minhas presas, não.

Se der o bote
seu corpo não resiste
ao veneno por mais
de 2 segundos

Ou me pega
Pela cabeça
Ou me sssolta,
Ssolta
Sssolta.

Funda
sinuosa fenda
se insinua
escorrendo pelo
caminho sugerido
desaparece reentrâncias
Redonda
faz que fere
percorre
o buraco desconhecido
Serpenteia na pele
pelo espelho
curvas, carne dura
intensa adormece
o céu da boca
Incendeia
de imaginar
erótica, inchada
explode úmida
na tua boca
úmida
de paixão e culpa
Culpa
ave-maria
me chama de puta.

Desaguei
corri, corri
não estava lá
Escovei os dentes
com a escova
de engraxar sapatos
Rebentei (abri)
todas as gavetas
Procurei nos cadernos
antigos da infância
uma página arrancada
Vovô viu a uva
A babá é boa
Teu retrato 3x4
Bilhetes de amiga
Carta de mãe
O celofane pink
daquele sonho-de-valsa
embrulhado em desculpas
difíceis de engolir
Um bilhete de
correio-elegante e eu,
deselegante, fugi da festa
o mais rápido que pude
Perdi o ar
de tesão e susto
Sinto (senti)
viscoso, inesquecível
o gosto do teu olho
em minha boca.

Algumas manhãs
de inverno são frias
mesmo os dias de sol
e céu azul
podem ser escuros
às vezes, sem roupa
especialmente
quando sem roupa
a pele é uma lâmina
que envolve os ossos
a lâmina é fria
os ossos são quentes
como os ossos que a avó
usava para dar sabor à sopa
Um dia o corpo da
casa cai e
debaixo do fogão
restam apenas cinzas
Não há fôlego capaz
de soprar a vida
sobre brasas apagadas
Depois que a sopa esfria
o quente do amor se esvai
A avó sempre dizia:
Sopa requentada,
não se serve às visitas.
Mas você
é de casa.

O rabo inteiro
dentro da boca
num movimento rápido
alcança o músculo glúteo
a mordida no
calcanhar esquerdo
passa a língua pelas costas
e logo já
não existem
Deglutição de pele, pelos
                [e tatuagens]
Saciar uma fome de há anos
numa tarde de vinte e quatro horas
Digestão lenta pelos próximos
três meses
Contorce prum lado
Contorce pro outro
Regurgita e cospe fora
uma dentição completa
Retorna estrangeira à própria casa
Um corpo dentro
de outro corpo
E o prazer de devorar
da tua boca
a palavra língua.

Instruções de voo

Romper a casca
Renascer à própria
Imagem e semelhança
Regurgitar o leite materno
Rejeitar qualquer nutrição
Abandonar a ideia
do amor e da cabana
Desacreditar o amor
Destruir a bússola
Gozar é permitido
entre almofadas
então: cuidado,
faça tudo escondido
Atravessar um país
jamais retornar
ao ponto de partida
Lembrar: vinte anos
quase uma vida
Deixar em cima
do piano a aliança e
um copo de veneno.

Amanhece meu corpo
esse dia cinza
Primavera, dizem
não se veem flores
escura e úmida
a marca da mordida
sob lençóis ainda mornos
só mais cinco minutinhos,
dizem
o sol não nasceu ainda
Subverter o tempo
se hoje, fosse ontem
aquela viagem
seria ainda
Contar as horas
pelo que valem:
quantos suspiros cabem
em tua boca
na hora da pequena morte.

Esse poema é sobre mim
e sobre você
É sobre você sobre mim
eu, sobre você
Concertina se esgueira
pelos pés da cama
sobe e desce
vai e vem
Abre os olhos e vê
a sutileza da avenca
crescendo ramos
em direção à luz.
Lembra do filme francês
Brigitte Bardot
sobre o cavalo, nua
sobe e desce
vai e vem
Esse poema é sobre elegância
é sobre Brigitte Bardot
sobre o cavalo
Abre os olhos e vê
fantasias se tornam memórias
e mais fantasias
Concertina. Vai e vem
Esse poema é sobre fantasias
É sobre Brigitte Bardot,
Sobre o cavalo, nua
É sobre memórias e fantasias

É sobre você sobre mim
Eu, sobre você, nua
Abre os olhos e vê.

Aniversário

É agosto novamente
meu corpo está em festa
os leões passeiam
soltos pela casa
e nessa época do ano
se deixam acariciar
Há treze dias
desde o início do mês
faz sol todos os dias
e isso não é mera coincidência
Não tenho pressa, mas
os leões acordam cedo
e precisam ser alimentados
do contrário
devoram sonhos, horas
e as pausas para o café.
Queria escrever logo cedo
um poema que falasse
sobre o sol destes dias
de leões famintos e nuvens
com boca de queijo derretido
sussurrasse ao ouvido
como se diz em segredo:
todos os dias são teus.

Trago o coração
na garganta e
um buraco no
estômago. Tenho
dificuldade para
distinguir os
dias da semana
Conto o tempo em
eventos que precedem
os encontros
Ontem (talvez, anteontem)
tomei duas pílulas
para dormir e quase
não lembro de sonhos
e memórias de infância
Atirei minhas pérolas
aos porcos e só hoje
de manhã, te neguei
três vezes
Olhando de perto
se pode enxergar
meus segredos
correndo azuis em
minhas veias tão
protuberantes quanto
os ossos dos meus pés.

Abrir bem a boca
para soltar o grito
com que voz?
Sentir o estalar
da mandíbula
e a pele que escorre
pela cabeça como
um véu que se solta
A vida é sem ensaio
estava trepando na coxia
perdeu a hora
de sair de cena porque
não ouviu o 3º sinal
O espelho, no centro do palco
reflete a imagem da noiva
adolescente e maltrapilha
Improvisa novamente e
um anjo observa do alto
a queda livre
Tem o azul assustador
dos olhos de Elizabeth Taylor
iguais aos da tia-avó
que não chegou a conhecer
Fragmentos soltos de herança,
pensa, quando tudo se acabar
o que ainda vai guardar
uma anágua encardida
alguns poucos livros
a lembrança da grinalda

devolvida logo após a cerimônia
e uma leve impressão
de que não se faz casamento
com o diadema alheio
na cabeça.

Azul do olho azul
que sempre a-traiu
Parece com o avô, não
Parece com a tia-avó, não
Parece com ninguém
Parece tão séria
tão inteligente
tão reservada
parece uma farsa.
É claro que te dá medo
É claro como o dia que
escurece como a noite
É claro que não sabia
como acender o cigarro
com lábios tão finos
e esse nariz em pé
Aprendeu a ler sozinha
Parece que não aprendeu nada
Parece que tem escamas
Parece um rosto de pernas
Parece que não vai longe
É claro que ouve música
É claro que não queria
É claro que sente fome
Sente fome e é claro
que não come.

Metamorfoses escorrem do rosto
rostos fantasmáticos
que me assombram
Aquela dos lábios grossos
aquela do filme mudo
uma personagem de Proust
o rosto de pernas longas
que franze a testa
que come livros
Me acordam durante o sono
fantasmas de todas as outras
Preciso oferecer a outra face
[foi o que ouvi dizer]
Aquela que mostra a cara
Aquela que mostra a bunda
A que te interessa
A que atravessa os anos
Aquela que quebra a louça
[porque todo desejo é falta]
Meu rosto é o que mora longe
Aquela que se insinua
A que procura no espelho
as partes desencontradas
Aquela que esqueceu
a hora de ir embora
a que não basta,
aquela comum,
só mais uma entre outras
a que trepa contigo
e escreve poemas.

isso também é
a realidade

Dizer que
esse poema
é sobre você
Seria injusto com
todos os outros
poemas

Porque sobre nós
passam todas as luas
E porque continuo
a te mandar poemas
que você não entende
e gosta
porque você não precisa
entender tudo
Para isso servem as luas
e para isso
servem as pernas
e a lua quase cheia
sobre nós
há subentendidos explícitos
essa lua quase cheia
as minhas coxas entre
as tuas pernas
essa tua boca
na minha boca
quase cheia
que de tudo é capaz.

Game of Thrones

Vestígios, você diz
Qualquer sinal
de alguém que passou,
ou de algo que sucedeu,
o dicionário diz
A serpente
tatua com o corpo
as paisagens
por onde passa
Rastros, ela diz
Objetos perdidos
na esperança
de serem reencontrados
Essa noite, alguém
sonhou nosso sonho,
você diz
De manhã, a saudade
é uma fotografia bordada
em renda e fogo
sobre o lençol.

Essa língua mãe
língua pátria
da língua corta
como faca o beijo
que me arranca
da boca a sua
língua quando diz
meu nome a
sua boca molha
minhas coxas
com palavras
da sua língua

Essa noite em sonho
matei um pássaro
quebrei a xícara
do café
cortei o dedo
com os cacos
pra não cortar os pulsos
tomei um porre
de vinho
tomei um porre
de gin
doeu a cabeça
e todos os músculos
corri pela areia até
não sentir mais
as pernas
fumei dois maços
de cigarro até
ficar enjoada
andei batendo o
corpo em todas as
quinas da casa
e não consegui mais
sentir o alívio do peso
do meu corpo deitado
de bruços
sobre a tua cama.

Tarde demais
para lembranças
ainda a lua
Cedo demais
Para fazer planos
ainda tua boca
Longa demais a viagem
ainda tua cama,
ainda
essa brisa leve,
o gato sobre os pés,
o fundo do sofá,
o isqueiro perdido,
tuas mãos, minhas pernas,
a água quente do mar,
os planos, tua boca,
essa fome que não passa
e as lembranças
daquela noite
aquela noite
e as outras

A cama eu
a quero desfeita
mapa traçado nas dobras
presença da ausência
sim, estivemos aqui
perdidos objetos
encontrados pela casa
que existe dentro da casa
que não se pode tanger
imaterial concreta vivida
esquecida atrás de cortinas
mal fechadas com clipes
escondem mostram
a clareza das horas
de chegar e partir
o que não sabemos
do amor, talvez, seja isso
olhos fixos no teto
esperando que os pés
do trapezista
vacilem

Acordo todos os dias
para a mesma distância
Onde está a poesia perdida
entre as paredes a casa
que deixei para trás
Esquecida, provável,
entre a almofada e o braço
do sofá que sempre tem
outros planos para nós
Embaixo dos travesseiros ou
dos lençóis revirados
Onde está a poesia
quando mais precisamos
A gasolina subiu de preço
o leite, o pão, o número de mortos
também aumentou
Todos os dias as mesmas
difíceis notícias, o
mesmo cansaço,
todos os dias
E a poesia, se pudesse
salvar alguma coisa agora,
ficou presa no intervalo
mínimo, inexistente
do teu corpo entre
as minhas pernas
E isso também é a realidade

Aguardar novamente
o tempo do desejo
Cair num buraco fundo
bem fundo
Erguer a cabeça e
sair do buraco
Encontrar o buraco novamente
rodeá-lo com os pés
reconhecer as bordas e
não entrar dentro dele
Inventar outros modos
de encantar a vida
Recordar todos os dias
o lugar do desejo
dentro do buraco fundo
bem fundo
Mergulhar dentro dele e
vir à tona, novamente
carregando pérolas
Separar, com cuidado
os espinhos das pérolas
Engolir as pérolas novamente
não descartar os espinhos.

Ela me conta
um caso de amor
em mensagens explícitas
a língua de um
naquilo do outro
onde cabem as mãos
quantos buracos
existem no corpo
Penso em nós dois,
é inevitável,
inserindo pontuações
onde cabem os dedos
Te mordo com palavras
você me enfia
canções com a língua
Lembranças palpáveis
e fantasias textuais
Tiramos a roupa
Um para o outro
como quem abre
a garrafa de vinho
ou mexe, devagar,
a panela no fogo
nos comemos nas entrelinhas
Também entre nós
a sedução é de boca
e gozamos até
com palavras não ditas

Resenha

Espaço cotidiano
A louça na pia
ainda por lavar
Tarde de domingo
Sabores explorados
O gozo no sofá
Fragmentos de felicidade
Reunidos em peças
como um jogo de montar
Frases soltas pela casa
e as coisas que sabemos
sem dizer
Carinhos felinos
Uma taça de vinho,
talvez mais,
sempre mais.
A intimidade
das coisas simples
que o tempo devora
com uma fome como
a minha que
gosto de engolir tudo e
como pouco e devagar
Um convite,
Muitos desejos,
Alguma provocação
A cama desfeita à
nossa espera de voltar

Meu corpoema
agarrado ao teu,
aceso todo como
as luzes da pista
onde pousas,
avião.

Sunday's perfect recipe

Two cups of flour
Three eggs
A pinch of salt
Some mess and laughter
and your hands

Homemade vegetable broth
as much as needed
Fresh shrimp
Spice mix of your own
The salt is a gift
in your hands

A porch of a house
A not too sunny day
The cats around
A gentle breeze
Red headed birds and
the gossip of the trees
And for the Garden,
your hands

An embracing couch
A glass of wine
or sparkling bubbles

My legs over your lap
The lifted hem of my dress
The inside of my thighs
And yes, please,
your hands.

Não é segredo que
gosto de viagens
e que não me custa
fazer as malas e
pegar um avião
Que gosto de aeroportos
e suas gentes de
ir e vir
Que o preço da
passagem é sempre
o preço justo a
se pagar pra ser feliz
Que todos os relógios
deveriam parar de
funcionar logo
após o embarque
E que todas as
bússolas ainda que
sejam belas,
não servem pra nada
Me orienta
o mapa que trazes
tatuado às costas e
quando moves teu corpo
me inauguras sempre
um novo país.

Não lembro se
era dia ou
se era noite
teu corpo ereto
bem na minha frente
estrelas caíam no
meu céu da boca
tinha tanta luz
naquele buraco
de sofá, você
em pé e voavam
nuvens tudo
escuro e tanta
luz nos meus
olhos claros,
não lembro bem
se era dia ou
se era noite.

Agora é ficar
com o que sobrou
olhares trocados à mesa
o tilintar das
taças de vinho
o calor do gato
Sobre a barriga
os cinzeiros cheios
os cinzeiros vazios
as mãos
sujas de farinha
sabores inventando
nossos corpos escorrendo
para o chão depois
que todos se foram
o cheiro de ontem
ainda nos lençóis
aquela brisa leve
e quente e úmida
teu fôlego me soprou
entre as pernas

Não sei como
capturar o voo
isso que escorre
no meio das pernas
não acontece sempre
talvez seja apenas
saudade isso
de sonhar com
o que não somos
Se eu fosse
mesmo semente
aconteceria lá
a cada estação
Por enquanto só
chove. Isso molhado
no meio das pernas
essa noite
sonhei com pássaros
de cabeça vermelha.

Little did she know

Intimacy
happens little by little
while we do the dishes
and remember
our dead

At night
in the dark of bed
you have such small hands
and unmeasurable ribs

At night
in the dark of bed
between legs and cats
while ghosts
start dancing

there is no fear
and no desire either
just the ups and downs
of my hand over your chest

Tomorrow
when the sun goes down
once again
I'll ask myself

what the hell
do you think you want

and the answer
once again will be

At least for now
in the dark of bed
the ups and downs
of your unmeasurable
breath

Um dia
alguém vai perguntar
O que você fazia
enquanto todos
morriam ao redor
Um dia
você vai se lembrar
o que você fazia
enquanto todos
morriam ao redor
Eu coloquei a
palavra amor no sorteio
Eu sorteei
minha própria palavra.

posfácio
por eduardo guimarães

Isso também é a realidade, livro de estreia da poeta Patricia Widmer, é uma obra de captura. Isso porque as imagens delicadas, somadas à poética inventiva do cotidiano, se grudam no leitor. E, nesse processo, é difícil não se render a versos como:
*Meu corpoema
agarrado ao teu,
aceso todo como
as luzes da pista
onde pousas,
avião.*

Ou ainda a passagens do tipo:
*(...) Se eu ouvisse você
dizer meu nome só
dessa vez, então
dormiria sozinha no
apartamento com as
janelas abertas e
sem medo de ser
pega de supresa
por insetos ou
pelo amanhecer.*

Pensando agora, acredito que elas evocam sensações que já experimentamos ou, se não, que gostaríamos de experimentar. O encontro, seja como luzes da pista ou avião. E a tranquilidade de saber-se o nome pelo outro pronunciado.

Além disso se, à primeira vista, me sinto mergulhado em relacionamentos amorosos com seus altos e baixos, urgências e distâncias, encantamentos e solidões, percebo que há mais, muito mais. Lembranças de infância, as figuras da avó, do avô, da tia-avó, e a melancolia irônica ao tratar da passagem do tempo, em versos que começam com: *Juventude, sua linda/Para onde você vai?*, e desembocam em:
(...) Olho para trás
Já não está lá
Diminua um pouco
o passo e
te prometo, faço
teu prato preferido
Fica um pouco
aqui comigo
que no passo em
que vais
te digo
não te posso alcançar.

Assim, com um olhar de editor, posso dizer que, desde o primeiro contato com os originais de *Isso também é a realidade*, antes de se tornarem esse corpo-livro que temos nas mãos, já sabia que estava diante de poemas potentes, que certamente gostaria de publicar. Por outro lado, como escritor, sinto que esse é um daqueles livros que geram movimento, isso é, que nos tocam, friccionam e alimentam o desejo de escrever.
E esse fôlego não é restrito a um ou outro poema, mas se espraia por seu conjunto. Prova disso é o texto de encerramento, que tomo a liberdade de aqui colocar dado o fato de estarmos em um posfácio:

Um dia
alguém vai perguntar
O que você fazia
enquanto todos
morriam ao redor
Um dia
você vai lembrar
o que você fazia
enquanto todos
morriam ao redor

*Eu coloquei a
palavra amor no sorteio
Eu sorteei
minha própria palavra.*

Espero que você, Patricia Widmer, siga fazendo isso, poesia, enquanto estamos aqui e vivemos, ao redor. Vida longa a essa realidade.

sumário

Isso era antes	4
No princípio era o fio	5
Bocejo três vezes	6
A palavra dá	7
Florbela	8
Balada para Victor Heringer	9
Saudades	12
Paciência	13
Juventude, sua linda	14
Vejo	15
Fecho os olhos para tudo	16
Tiraram tua liberdade	17
11h30	18
Criança ainda	19
Ficção de mim mesma	20
Como	21
Nunca houve entre nós	22
Saio daqui para longas ausências	23
São Paulo é estranhamento	24
A memória	25
O vento da mudança	27
Isso mudou tudo	**28**
A uma hora dessas	29
Oração	30
Segredos e mistérios	31
Efêmera	32
Abrupto	33
Pupa	34

Meus pés perguntam	35
Cascavel	36
Funda	37
Desaguei	38
Algumas manhãs	39
O rabo inteiro	40
Instruções de voo	41
Amanhece meu corpo	42
Esse poema é sobre mim	43
Aniversário	45
Trago o coração	46
Abrir bem a boca	47
Azul do olho azul	49
Metamorfoses escorrem do rosto	50
Isso também é a realidade	**52**
Dizer que	53
Porque sobre nós	54
Game of Thrones	55
Essa língua mãe	56
Essa noite em sonho	57
Tarde demais	58
A cama eu	59
Acordo todos os dias	60
Aguardar novamente	61
Ela me conta	62
Resenha	63
Sunday's perfect recipe	65
Não é segredo que	67

Não lembro se	68
Agora é ficar	69
Não sei como	70
Little did she know	71
Um dia	73

Posfácio
por Eduardo Guimarães	74

Copyright © Patricia Widmer, 2022
Todos os direitos reservados à Editora Jandaíra e
protegidos pela Lei 9.610, de 19.2.1998.
É proibida a reprodução total ou parcial sem a
expressa anuência da editora.

Este livro foi revisado segundo o Novo Acordo
Ortográfico da Língua Portuguesa.

Direção editorial **Lizandra Magon de Almeida**
Assistência editorial **Maria Ferreira**
Revisão **Equipe Jandaíra**
Bordado da capa **Reginaluz Vitória**
Projeto gráfico, diagramação e capa **Equipe Jandaíra**
Fotografia do bordado **Paulinho de Jesus**

Maria Helena Ferreira Xavier da Silva/ Bibliotecária – CRB-7/5688

W64li	Widmer, Patricia
	Isso também é a realidade / Patricia Widmer. – São Paulo : Jandaíra, 2022.
	88 p. ; 20 cm.
	ISBN 978-65-5094-012-6
	1. Literatura. 2. Poesia brasileira I. Título.

CDD B869.1

Número de Controle: 00047

jandaíra

Rua Vergueiro, 2087 cj. 306 • 04101-000 • São Paulo, SP
11 3062-7909   editorajandaira.com.br
Editora Jandaíra   @editorajandaira

a autora

PATRICIA WIDMER é psicóloga e devora poesia desde a adolescência. Acredita na simplicidade do cotidiano e em abismos profundos. Escreve agora, para transbordar.

Este livro foi composto nas fontes Charter e Utopia
e impresso em papel Avena 80g. no miolo e capas
em Triplex Ningbo 250g. na primavera de 2022
pela Navegar Gráfica e Editora.